Igelkinder

Else Schwenk-Anger

Leuchtend rot geht die Sonne unter. Überall ist es ganz still. Doch was raschelt dort im Obstgarten durch das Laub?

Die Igel sind wach geworden. Zuletzt kommt auch der kleine Benjamin aus seinem Versteck hervor. »Warum spielst du denn nicht mit den andern?« fragt die Igelmutter.

Langsam geht er zu den Igelkindern. »Benjamin«, rufen sie, »komm, wir wollen Verstecken spielen!« Der kleine Benjamin wird hinter seiner Nasenspitze rot und rollt sich zu einer stacheligen Kugel zusammen. »Ist der aber komisch«, sagen die Igelkinder und laufen weg.

Da hört Benjamin eine leise Stimme neben sich:
»Hallo, ich bin Tine. Spielst du mit mir?«
»Ja!« ruft Benjamin, und schon rennt er über die Wiese.

Ob ihn Tine wohl einholen kann? Ganz dicht ist sie schon hinter Benjamin. Die beiden laufen immer schneller, so schnell, daß sie den steilen Hang nicht sehen ...

... den sie nun nacheinander hinunterkullern.

»Benjamin, wie siehst du lustig aus?« ruft Tine, als sie unten liegen bleiben. »Du hast ja lauter Blätter auf deinen Stacheln aufgespießt!« »Ja Tine«, sagt Benjamin, »und du hast viele Mirabellen auf dem Rücken.« Geduldig zupfen sich die beiden gegenseitig Blätter und Früchte von den Stacheln, dann rennen sie übermütig weiter.

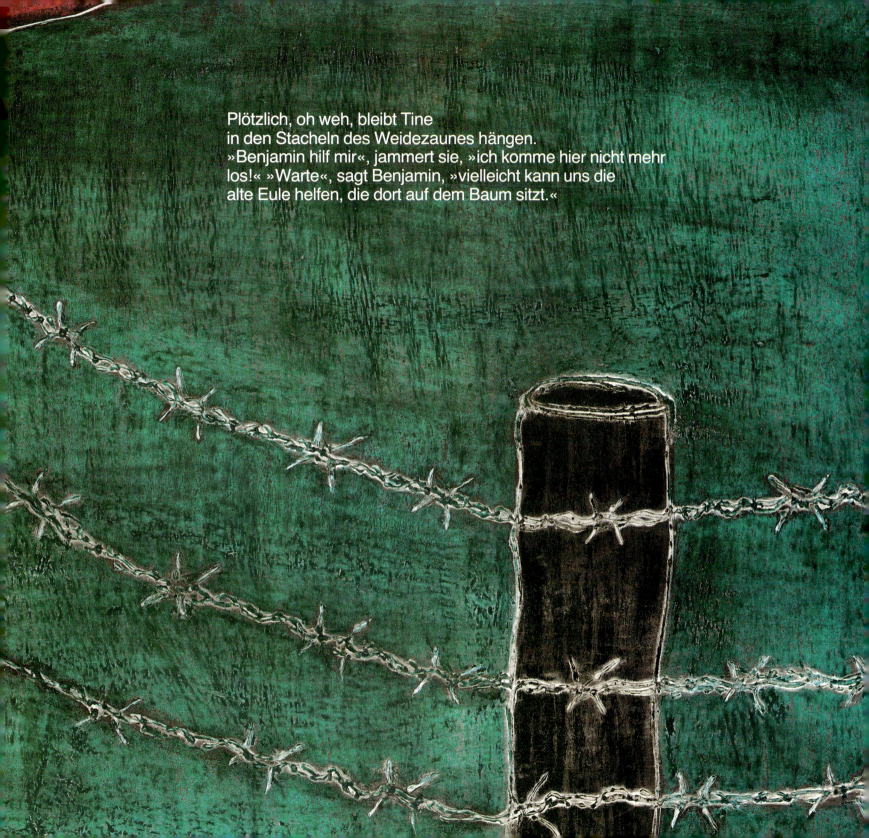
Plötzlich, oh weh, bleibt Tine
in den Stacheln des Weidezaunes hängen.
»Benjamin hilf mir«, jammert sie, »ich komme hier nicht mehr
los!« »Warte«, sagt Benjamin, »vielleicht kann uns die
alte Eule helfen, die dort auf dem Baum sitzt.«

»Helfen kann ich euch nicht«, sagt die Eule, »aber du, kleiner Igel, kannst doch gut in der Erde graben. Scharre so viel Erde unter Tine weg, bis sie vom Zaun fällt.« »Ob das wohl geht?« fragt Benjamin schüchtern. »Versuche es, kleiner Igel, du kannst es bestimmt«, antwortet die alte Eule.

Benjamin zerrt, scharrt und schaufelt bis ihm der Schweiß von allen Stacheln tropft und Tine — plumps — vom Zaun purzelt. »Das hast du sehr gut gemacht, Benjamin. Allein wäre ich nie aus diesen Stacheln herausgekommen,« freut sich Tine.

Müde und zufrieden gehen Benjamin und Tine nach Hause. Die anderen Igel haben schon auf die beiden gewartet. »Wo habt ihr denn so lange gesteckt?« fragen sie. Tine erzählt aufgeregt, was sie erlebt haben und wie klug und mutig Benjamin gewesen ist.

»Benjamin«, sagen die Igelkinder, »du hast gute Ideen. Zeige uns doch ein schönes Spiel.« »Ich will es mir überlegen«, sagt Benjamin, und als es die andern nicht merken, versteckt er sich zwischen den vielen Stachelkugeln der Edel-Kastanien, die überall am Boden liegen. Welche davon ist nun Benjamin? Sucht ihn! Alle dürfen mitspielen.

ISBN 3-927560-13-8

5. Auflage 1994
© ESA-Verlag, 72275 Alpirsbach/Schwarzwald
Alle Rechte vorbehalten
Reproduktion: RETE, 79108 Freiburg/Brsg.
Druck und Einband: Ernst Uhl, 78315 Radolfzell/Bodensee
Printed in Germany